Servicio de calidad

desde el punto de vista del huésped y del comensal

Frank Höchsmann

Servicio de calidad desde

el punto de vista del huésped y del comensal

Bibliografische Informationen der Deutschen Nationalbibliothek:

Die Deutsche Nationalbibliothek verzeichnet diese Publikation in der Deutschen Nationalbibliographie, detaillierte bibliografische Daten sind im Internet über http: //dnb.dnb.de abrufbar.

Informaciones bibliográficas de la biblioteca nacional Alemana:

La biblioteca nacional alemana tiene registrada esta publicación en la bibliografía nacional alemana, datos bibliográficos detallados se pueden ver en internet en http: //dnb.dnb.de

BoD – Books on Demand, Norderstedt

ISBN: 9783734737725
Traducción: Martha Cecilia Höchsmann (Berlín, Alemania)
Revisión: Marta Elizabeth Barbosa (Bogotá, Colombia)
Formateo: Christiane Kretschmer (Fuldatal, Alemania)

Foto titular: © Robert Kneschke - Fotolia.com

Foto del autor : © Frank Höchsmann

Apreciado lector,

Apreciado participante en seminarios,

Usted ha seleccionado uno de los temas más interesantes,

¡Felicitaciones!

Por ello le informamos que durante el transcurso de este milenio hemos dictado más de sesenta (60) veces el curso "Servicio de calidad" para aproximadamente quinientos (500) participantes, ubicados en más de veinte (20) países e impartido en tres idiomas; de esto nos sentimos muy orgullosos.

Inicialmente el curso se denominaba "Calidad en la hotelería" y "Calidad en la gastronomía". En los primeros tiempos del curso lo importantes era el Hardware, los factores duros como por ejemplo La edificación, muebles y los ascensores, entre otros temas.

El gran cambio en la denominación del curso "Calidad" a "Servicio de Calidad" sucedió en el año 2000, momento en que

se complementó el Hardware con el Software, y factores "blandos" como calidez, amabilidad, sinceridad y lealtad, son ahora el centro de nuestras observaciones y seguimiento detallado. Con ellos Usted podrá fascinar a sus huéspedes o comensales

El servicio de calidad lo consideramos y manejamos desde el punto de vista del huésped o comensal, ya que lo importante es lo que el huésped se imagina, desea y espera.

Le deseo que tenga momentos interesantes y creativos con este manual.

Frank Höchsmann

Berlín, 16 de Agosto de 2014

Servicio de calidad desde el punto de vista del huésped y comensal

Prólogo

La competencia en la hotelería se ha incrementado de manera acelerada y las expectativas y exigencias de los huéspedes cambian permanentemente y para hacer frente a esta nueva situación se deben atender y monitorear esos cambios para adaptarse a las nuevas exigencias de calidad.

Este reciente concepto presenta tendencias internacionales y regionales, enumera las cualidades de una oferta, describe los elementos de calidad más importantes y el servicio de calidad desde el punto de vista de los huéspedes. Temas que se deben llevar a la práctica con la ayuda de las listas de chequeo, las cuales contienen más de cien criterios de calidad que ya han sido probados en talleres y test anónimos, quedando demostrada su utilidad tanto en hoteles medianos y pequeños como de cadena.

Con el propósito de que los hoteleros decididos e innovadores encuentren en este concepto un sistema de control y de medición de calidad eficientes, periódicamente se adaptan las listas a las nuevas necesidades y expectativas de los huéspedes.

Adicionalmente, este manual contiene un cuestionario para los huéspedes, cuya finalidad es poder medir rápidamente el servicio de calidad desde el punto de vista del huésped. El cuestionario consta de diez (10) preguntas con diez posibilidades de calificación. Este modelo está siendo utilizado por algunos hoteles de renombre.

Objetivo

El objetivo de este curso es entender y analizar el servicio de calidad desde el punto de vista del huésped y comensal y actuar en el contexto de las expectativas del cliente, por ello se debe responder: ¿Qué espera hoy el cliente de nosotros? ¿Cómo ve el cliente nuestra empresa? ¿En qué y cómo debemos pensar para sobrepasar las necesidades y expectativas? ¿Nos hemos puesto alguna vez en el lugar del cliente?

Grupo específico

El grupo específico de los talleres y de esta lectura especializada, es el de los empleados de hotelería y gastronomía que tienen contacto directo con los huéspedes y comensales. Los temas han sido constantemente actualizados, teniendo en cuenta las experiencias y recomendaciones de los participantes en los seminarios impartidos por HOTQUA.

Tendencias de hoteles y restaurantes

Tendencias internacionales en la hotelería

- Aumentan los Hoteles de diversión y aventura
- Aumenta la evaluación de los hoteles a través de la internet
- Aumentan las reservas a través de la internet
- Aumenta la demanda de salones para conferencias
- Aumentan los huéspedes con exigencias de calidad
- Aumentan los huéspedes con exigencias de sostenibilidad y sustentabilidad en los servicios hoteleros.
- Expansión de las cadenas hoteleras
- "Centros de alta tecnología" en las habitaciones
- Sistemas internacionales de gestión de calidad
- Mega hoteles con más de 750 habitaciones
- Permanente capacitación del personal
- Incremento en la entrega de tarjetas VIP y descuentos
- Inversión de los tour-operadores en cadenas hoteleras.
- Expansión de hoteles unidos en una cooperación

Tendencias regionales en la hotelería

- 50 plus, la nueva generación
- Aumento en el flujo de viajes de negocios, viajes cortos y de cultura
- Precios Dumping en los fines de semana (Hoteles de primera clase)
- Expansión de hoteles unidos en una cooperación
- Expansión de cadenas internacionales
- Exigencia de alta calidad por parte de los huéspedes
- Fuerte lucha de supervivencia de los hoteles

- Auge de hoteles en las ciudades
- Incremento de la calidad en los servicios por modernización, saneamiento y aumento de de servicios
- Ofertas todo incluido
- Incremento en la realización de seminarios y congresos
- Aumento en requisitos de sostenibilidad
- Preferencia por hoteles con diversiones y no solo hospedaje

Tendencias en la gastronomía

- Aumento de comensales que exigen calidad
- Aumento de comensales con exigencias de sostenibilidad
- Productos con certificaciones de sostenibilidad
- Convenience Food
- Expansión de la cocina asiática
- Expansión de cadenas gastronómicas
- Fingerfood y Tapas
- Deleites sin carnes
- Alta tecnología en la cocina
- Innovación de la cocina regional
- Sistemas de gestión de calidad internacional
- Actividades de capacitación para el personal
- Restaurante en restaurante y especialización en los restaurantes
- Incremento en la entrega de tarjetas VIP y descuentos (VIP-Cards)
- Fusión en cooperativas de restaurantes independientes

Características de la oferta hotelera y gastronómica

- La oferta contiene elementos tangibles e intangibles: Hard y Software
- La oferta hotelera-gastronómica no se puede almacenar, habitaciones no vendidas son alimentos dañados
- El comensal y el huésped tienen un comportamiento activo, se deben desplazar para poder disfrutar de los servicios
- Existen factores externos de perturbación que no podemos influenciar, entre estos están por ejemplo construcciones cercanas o huelgas.
- La oferta hotelera-gastronómica es generalmente sustituible, cuando por ejemplo el precio y/o la competencia es parecida
- La oferta hotelera-gastronómica depende de varios factores o circunstancias: La ubicación del establecimiento es sumamente importante, la existencia de estacionamientos, vías de acceso, infraestructura y todo tipo de facilidades que se ofrezcan.
- La oferta hotelera y gastronómica no se puede medir objetivamente: los colchones son duros para algunos y blandos para otros, el volumen de la música está muy alto o la comida muy caliente.
- El servicio de alojamiento y los alimentos se venden antes de producirse
- La oferta depende de las estaciones

Elementos de calidad

Independientemente del nivel de precios de un hotel y de un restaurante, el huésped y el comensal juzgan consciente o inconscientemente la calidad de un servicio, basándose en los siguientes factores:

- Servicio
- Relación precio / servicio
- Oferta (alimentación)
- Ambiente

Existen además otros factores que juegan también un papel importante, estos suelen ser las expectativas, las experiencias y necesidades del comensal y del huésped. Cuando todos estos factores corresponden con lo que él o ella reciben, se puede decir que se ha logrado satisfacerlo. Un cliente no satisfecho habla 16 veces mal sobre su experiencia negativa y únicamente 4 veces sobre sus experiencias positivas.

Veamos una corta descripción de los elementos de calidad

Servicio

El servicio en particular, es sin duda alguna el elemento más importante de calidad. Es la llave del éxito. Servicio es la atención al comensal/ huésped de la A a la Z, y es muy complejo de medir. Tiene dos componentes, uno es la parte de procedimientos (técnica de servicio) y el otro es la actitud positiva del personal.

- Técnica de servicio: Llegada, reserva, atención en el hotel/restaurante, servicio post- venta

- Actitud: Actitud positiva, lenguaje corporal y postura, lenguaje, tono de voz, discreción, atención, disposición de servicio, técnicas de venta y manejo de reclamaciones.

Relación precio/ servicio

La relación del precio y el servicio debe ser equilibrada. Actualmente el huésped/comensal es muy consciente del valor de su dinero y por lo tanto el precio debe ser real y transparente, además, tiene más experiencia en viajar y más criterios para comparar servicios y calidad de las diferentes ofertas.

Oferta

La oferta de calidad en la hotelería se basa en la unidad habitacional mientras que en la gastronomía, la oferta está compuesta por bebidas y comidas.

En el hotel, el espacio ofrecido tiene que tener equilibrio entre el espacio libre y la totalidad del mismo, el mobiliario óptimas condiciones y acorde a la categoría, siendo la cama el principal elemento en esta oferta.

En la gastronomía, la calidad de la oferta está dada por el uso de ingredientes, de su calidad y preparados profesionalmente con acompañamientos acordes, condimentos en cantidades adecuadas, olores, sabores y presentación del plato.

Ambiente

Otro elemento muy difícil de medir es el ambiente, el cual influye tanto en el huésped como en el comensal. El ambiente está conformado por el estilo de la casa y la decoración, el color de las paredes, por la música ambiental, la iluminación, y los olores. El estilo debe coincidir con el nombre del establecimiento y con la decoración. La música deberá evitar tonos altos o muy bajos, debe ser alegre e invitar a cantar o tararear mentalmente. La temperatura deberá estar alrededor de 20 grados Celsius. Con frecuencia se olvidan factores que son también importantes pero que no se pueden influir estos son por ejemplo el acompañante o los vecinos de mesa.

Por favor no olvide:

Experiencia positiva = 4 X

Experiencia negativa = 16 X

Servicio de calidad desde el punto de vista del huésped

Este capítulo describe los procesos que se van desarrollando para prestar un servicio de atención al huésped. Además se enlistan algunas de las fallas que se cometen con más frecuencia y lo que los huéspedes esperan.

01. Primer contacto

El primer contacto con el hotel es sumamente importante y deja impresiones positivas o negativas que por lo general son definitivas. El huésped puede contactar por teléfono, por la página web, o va a la agencia de viajes para informarse sobre la oferta.(actualmente no es tan común)

Si el primer contacto es telefónico, la persona que está llamando espera, que se le conteste rápidamente, que se le salude amablemente, en lo posible en su idioma (Hotel, nombre, saludo de la hora del día, pregunta introductora, agradecimiento por la llamada), que se le hable claramente, con frases cortas y palabras impactantes y que se le escuche antes de empezar con preguntas específicas o informaciones para responder adecuadamente a los diferentes tipos de huéspedes. Por ejemplo: las personas que viajan por negocios por lo general son impacientes y disponen de muy poco tiempo mientras que los turistas tienen más tiempo, son un poco más pacientes. Lo importante es la eficiencia y la profesionalidad con que se conteste la llamada.

Si el huésped contacta a través de la página Web, debe abrir rápidamente y que el huésped tenga una vista general, de cada página deberá poder regresar a la página inicial y se debe tener un formulario de registro que sea fácil de llenar.

Este primer contacto con la empresa a través de la página Web puede dejar huellas positivas o negativas.

Si el huésped tiene el primer contacto con la empresa a través de una agencia de viajes u otro medio, la primera impresión la dará el material publicitario (folletos, catálogos).

Con frecuencia se olvida en la práctica darle la importancia que merece al efecto producido por el primer contacto.

Lista de fallas más frecuentes:

- Contestador automático
- Línea de espera
- Dejar timbrar el teléfono más de cinco veces
- Utilización de lenguaje técnico (específico) con personas que no son del ramo
- Dejar en la central telefónica, practicantes que no estén bien informados
- Empleados estresados o malhumorados (el tono de voz es muy importante)
- Páginas Web con demasiada información
- Material publicitario que no da ninguna información

Lista de factores que ayudan al éxito:

- Contestar el teléfono a más tardar después del tercer timbrazo, y saludar correcta y amablemente
- Páginas Web que abren rápidamente y son claras
- Material publicitario que despierta curiosidad por conocer nuestra empresa

02. Reservas

Una reserva debe ser hecha profesionalmente. El departamento de reservas recibe la llamada, se dirige a la persona que quiere hacer la reserva, por su nombre. La habitación que se ofrece, debe corresponder al 100 % con los deseos que el huésped o quién está al otro lado de la línea ha descrito. En el caso de no poder cumplir con sus deseos, se debe ofrecer una o dos alternativas aclarando las diferencias. Se debe tomar los datos personales del futuro huésped, con exactitud y ofrecer por escrito la confirmación de la reserva. Antes de terminar la llamada se debe confirmar los datos de la reserva:

- Nombre del huésped

- Fecha de llegada y partida

- Tipo de habitación

- Número de personas

- Precio

- Servicios deseados por el huésped como por ejemplo pensión completa o media pensión.

- En el caso en el que la empresa u otra entidad sea la que se hace cargo de la estadía y de los gastos generados por la la reserva, se pregunta el nombre y la dirección adonde se debe enviar la factura

En algunas empresas se hacen reservas garantizadas, para lo cual el huésped da el número de su tarjeta de crédito y autoriza al hotel el cobro del valor de la habitación. Esto le garantiza al hotel que aunque el huésped no llegue en la hora o el día establecido, el hotel no pierde la venta de la habitación.

Otras informaciones que se debe suministrar al huésped en el momento de hacer la reserva son por ejemplo obras de construcción que impidan el acceso fácil o directo al hotel, desviaciones, fiestas regionales, huelgas o manifestaciones declaradas.

Para finalizar el proceso de reserva se debe despedir agradeciéndole por realizar la reserva en el hotel y se le desea un buen viaje

Las fallas más frecuentes en reservas son:

- Descripción o información deficiente de la oferta
- Nombres mal escritos en la reserva
- Olvidar escribir el título con el que se dirige al huésped
- No anotar la fecha de llegada o especificaciones de los deseos del huésped
- No cumplir con los servicios ofrecidos por el hotel
- No enviar ninguna confirmación de la reserva o enviarla con retraso
- Tener formularios poco claros en la reserva "on line"

¿Qué espera el huésped?

- Trato amable
- Descripción exacta de productos y servicios
- Precios y modalidad de pago claros y transparentes
- Descripción exacta y clara de las vías de acceso
- Especialidades del hotel / ventajas
- Transmitir el sentido de haber tomado la decisión correcta („Que piense: "Siempre quise alojarme en un hotel como este")

03. Llegada

Antes de la llegada, el huésped puede observar los alrededores, puede ver si el hotel está correctamente señalizado, si la zona es interesante o atractiva, cuales son las posibilidades de estacionamiento en el hotel, además observa la fachada, el letrero y el color deben coincidir con el resto del material publicitario del establecimiento. Al llegar al hotel, el huésped es recibido y saludado, ¿se le presta ayuda con el equipaje? si el huésped llega en taxi, ¿paga el mismo el taxi o el hotel y se le agrega ese valor a la cuenta del hotel, recibe una bebida de bienvenida?

Las fallas más frecuentes

- Entrada al hotel con dificultades
- Fachadas descuidadas
- Avisos o letreros muy pequeños y sin iluminación
- Personal no calificado
- Entrada del hotel descubierta
- Ningún paraguas o sombrilla a disposición

¿Qué espera el huésped a su llegada?

- Bebida de bienvenida
- Que el personal del hotel lo reciba amablemente y sea servicial
- Una descripción de las vías de acceso acertada
- Que lo reconozcan (en el caso de huéspedes que se hospedan en el mismo hotel con frecuencia)
- Que con la primera impresión recibida, el huésped piense que su decisión de escoger nuestro hotel fue correcta
- Saludo amable y cordial

04. Check-in / recepción

Todos los huéspedes han de ser recibidos por el personal de recepción quienes lo saludan y preguntan si el huésped tuvo un buen viaje. Si ya lo conocen, se dirigen a él / ella por su nombre. Los huéspedes que tienen una reserva, reciben un formulario con todos los datos que ya se conocen (los datos que que se obtuvieron al hacer la reserva) se le solicita al huésped amablemente que los verifique y que firme el formulario. En el caso de no tener una reserva, se le ayuda a diligenciar el formulario. En los dos casos el recepcionista da información importante sobre el hotel, destacando los servicios especiales que ofrece el hotel. Una vez conocido el nombre del huésped, siempre se deben dirigir a él por su nombre. Si el check-in se demora, se debe informar sobre la causa de la demora y ofrecer soluciones. Luego se le desea una estadía placentera, se le da el número de la habitación y se le entrega la llave. Se le debe informar el número de la habitación discretamente, para que solo lo escuche el huésped y el Bell Boy/paje.

Fallas cometidas frecuentemente por los hoteles

- Recibimiento poco o nada amable
- A los huéspedes que frecuentan el hotel, no se les saluda por su nombre
- Ninguna ayuda para llenar el formulario de registro
- No se dan a conocer los servicios del hotel, y de los servicios especiales ni se habla
- "Anunciar en voz alta" el número de la habitación o dejar la llave para que cualquiera pueda ver el número
- No se llama al botones para que se ocupe del equipaje
- No se le desea al huésped una estadía placentera ni se le ofrece ayuda en caso de tener alguna dificultad

¿Qué espera el huésped al registrarse en la recepción?

- Que a más tardar en este momento se dirijan a él por su nombre y se le haga sentir que es bienvenido en el hotel
- Que le pregunten si tuvo un buen viaje
- Que el formulario de registro contenga los datos correctos y el tenga solamente que firmar
- El walk in (huésped sin reserva) espera que se le ayude a llenar el formulario
- Recibir información sobre todos los servicios del hotel
- Recibir ayuda con el equipaje

05. Habitación

El botones recibe la llave, o tarjeta llave, lleva el equipaje y conduce al huésped hacia la habitación. Allí abre la puerta (prende la luz, para verificar que las luces están en buen estado) y deja pasar primero al huésped, luego sigue él con las maletas, las cuales coloca sobre el portamaletas. Explica las facilidades de la habitación, especialmente las instalaciones y el funcionamiento de los aparatos eléctricos (por ejemplo radio o televisor). Muestra también el baño y explica cómo funciona la grifería, si es necesario, luego menciona los servicios extras que ofrece el hotel e indica donde se encuentra la descripción de salidas de emergencia y por último se retira deseándole una agradable estadía. Una vez se ha retirado el paje/ botones, el huésped recorre por lo general nuevamente la habitación y opera algunos interruptores.

Fallas más frecuentes en las habitaciones

- Programa de televisión ya vencido
- El aire en la habitación es pesado por falta de ventilación o hay olores propios del huésped anterior
- Los bombillos / focos no funcionan
- Bebidas y alimentos del minibar con fecha vencida
- Colores que no armonizan
- Libreta de anotaciones con huellas del huésped anterior
- Polvo en los marcos de la puerta y cuadros
- El botones entra primero en la habitación
- Libreta de servicios del hotel incompleta / falta de directorio y lista de precios
- Mobiliario demasiado grande con relación al espacio de la habitación
- Pocas perchas

¿Qué espera el huésped en la habitación?

- Limpieza y seguridad absolutas
- Roperos / armarios en buen estado e iluminado
- Carta de saludo de la gerencia o flores frescas o canasta de frutas en algunos casos una bebida de bienvenida por cuenta de la casa
- Ventanas que se puedan abrir fácilmente
- Aparatos eléctricos que funcionen bien y sean fáciles de manejar
- Llamada telefónica (después de unos 20 minutos de haber recibido la habitación) por parte de la recepción para verificar si todo está a gusto del huésped y si se le puede ayudar en algo
- Sentirse bien desde el primer momento
- Caja fuerte con instrucciones de manejo

06. Baño

La limpieza en la habitación y en el baño debe ser perfecta. No debe haber olores ni grifería en mal estado. En el baño debe haber por lo menos los siguientes accesorios: jabón, champú, gorro de baño, bolsa higiénica de plástico. La cantidad y diversidad de accesorios depende también de la categoría del hotel.

La cantidad de toallas de manos y cuerpo debe corresponder con el número de huéspedes, además deben ser de buen tamaño y afelpadas. Para el huésped es también importante contar con una superficie donde el pueda dejar sus artículos personales y un espejo iluminado y movible en buenas condiciones, toallas faciales de papel, una bata de baño, pantuflas en tela de toalla, limpiador para zapatos, eventualmente un calzador y papel higiénico sellado con una etiqueta. No debe haber ninguna humedad y el sistema de ventilación debe funcionar silenciosamente.

Fallas frecuentes

- Mala iluminación
- Olores a humedad o a detergentes fuertes
- Grifería en mal estado
- Accesorios de mala calidad
- Toallas muy pequeñas y ásperas
- Secadores para el cabello con funcionamiento ruidoso
- Espejos opacos
- Baldosas resbalosas

¿Qué espera el huésped?

- Bidet (según la región)
- Toallas afelpadas y en tamaños adecuados
- Sistema de ventilación silenciosa
- WC separado del resto del baño
- Máxima limpieza y seguridad (Baldosas que no resbalen, grifería de fácil manejo, puntas protegidas, vidrios de seguridad, enchufes de seguridad)
- Suficiente espacio para colocar los objetos personales
- Cabina de ducha separada de la tina

07. Áreas públicas

A estas áreas tienen acceso los huéspedes del hotel y también los visitantes y personas externas. Estas zonas son: el lobby, ascensores, restaurante, bar, sala de conferencias, salas para lectura, casino, spa, jardines, gimnasio así como baños. Estas áreas tienen que estar limpias, bien señaladas, tener un ambiente agradable y su localización debe ser práctica. Además tienen que tener buena iluminación y ventilación.

Fallas que se presentan con frecuencia

- Mala señalización
- Mala ubicación
- Limpieza deficiente
- Falta de seguridad para el huésped
- Decoración que no armoniza con el resto del hotel
- Iluminación deficiente

¿Qué espera el huésped de estas áreas?

- Amplitud arquitectónica
- Zonas donde se pueda sentar y estar protegido de todas las miradas
- Que no tenga acceso a ellas cualquier persona
- Ambiente acorde con el hotel
- Decoración sutil
- Exclusividad
- Servicios de bebidas en todas las áreas
- Acceso gratis a internet
- Música de fondo
- Periódicos y revistas actuales a disposición

08. Prestación de servicios

Generalmente existe una relación directa entre la prestación de servicios y la categoría del hotel. El huésped de un hotel de cinco estrellas espera naturalmente más servicios que el de un hotel de uno de dos estrellas. Servicios que se tienen que tener en un hotel de cinco estrellas son por ejemplo: Transporte del equipaje realizado por un botones, el auto lo estaciona un empleado del hotel, el hotel se encarga de conseguir los boletos para que el huésped pueda asistir al evento cultural o deportivo que desea, servicio de alquilar autos, cambio de moneda, servicio de traducción, lavandería y tintorería, servicio a la habitación, sección de objetos perdidos con la correspondiente comunicación, mensajería, servicio de limpieza de zapatos, servicio de despertador, servicio de reservas de viajes, computadora, niñera y servicio médico entre otros. Todos estos servicios deben estar en el directorio del hotel, que se encuentra en las habitaciones, con los precios, horarios y una corta descripción de los mismos. De esta manera se evitan reclamaciones.

Fallas que se cometen en la prestación de servicios

- Listas de precios caducadas
- Horarios de servicios cambiados
- Servicios ofrecidos en el directorio del hotel que por razones de costos ya no se ofrecen
- Descripción inexacta de los servicios ofrecidos lo cual ocasiona confusiones

¿Qué espera el huésped?

- Servicio de preparación de la habitación para la noche (Turn Down)
- Información sobre eventos culturales y deportivos y la venta de tiquetes

- Una relación coherente de servicio/ precio
- Una prestación profesional de servicios
- Una plusvalía que haga más atractiva la estadía en el hotel
- Alquiler de bicicletas
- Algunos servicios sin recargo, dependiendo de la categoría del hotel por ejemplo: Limpieza de zapatos, servicio de transporte

09. Check-out /salida

Cuando un huésped expresa su deseo de partir del hotel, el botones baja las maletas y la mucama o el encargado del mini bar/frigo bar verifica el consumo del mismo. Si se consumió algo en el último momento se avisa a la caja/recepción. Mientras tanto el cajero ó el jefe de recepción realizan y verifican la factura. Luego se le entrega al huésped la factura con la respectiva explicación y en caso de reclamaciones, se le solicita al huésped ir a la oficina o a un lugar tranquilo y aparte de la recepción para arreglar rápidamente el problema, siempre y cuando sea posible, la solución deberá ser positiva para el huésped. En este caso se deber recordar la regla 4-16. El huésped va a hablar 4 veces sobre su experiencia positiva en el hotel, pero si la experiencia es negativa hablará 16 veces sobre ella.

Fallas frecuentes a la hora de la salida

- La factura no está lista
- La factura está hecha y no tuvimos en cuenta los gastos generados por el servicio a la habitación
- El depósito no se tuvo en cuenta
- El huésped espera por su equipaje, el cual está en algún lugar del hotel
- El huésped pagó la factura, todo está en orden pero nadie se ocupa de llevar el equipaje al auto / taxi, etc.
- El huésped olvida algo en la habitación y como ya pagó no puede regresar a la habitación y nadie se siente responsable para ayudarle
- El equipaje está cambiado por equivocación.

¿Qué espera el huésped?

- Una factura correcta y transparente
- Posibilidad de un Check Out expreso
- Personal amable, que esté dispuesto a ayudarle, también después de haber pagado la factura
- Que le envíen los objetos olvidados o correspondencia llegada después de su partida

10. Personal

Todos los empleados de un hotel deben ser amables, honestos, abiertos, flexibles, seguros y con actitud positiva. Todo el tiempo tienen que expresar su disposición de servicio y ser corteses, deben tener una sonrisa honesta y permanente, deben adelantar/prever los deseos de los huéspedes. La postura y presentación de este grupo de personas debe ser impecable para poder representar la filosofía de la empresa según el lema: "haz más de lo esperado, complace al huésped, hazlo sentir como un rey".

Fallas que lamentablemente se presentan con frecuencia

- Personal con desinterés, apatía, arrogancia
- Trato irónico, indiferente, sin anticipación
- Personal sin espíritu y ganas
- Nadie se siente responsable
- No se identifican con la filosofía de la empresa, con los productos o servicios ofrecidos, sus jefes y compañeros
- Empleados desmotivados

¿Qué espera el huésped del personal de la empresa?

- Atención correcta, rápida y concentrada
- Recibir de parte del personal la impresión de que hay alguien que se preocupa por los huéspedes
- Buenas recomendaciones y completas
- Trato amable y sincero
- Trabajo competente
- Anticipación y prevención
- Comprensión y tolerancia

Listas de chequeo / control de servicio de calidad

La siguiente lista se presta para el análisis de calidad de la propia empresa, de la competencia o para que trabajen con ella controladores de hoteles profesionales externos.

Contiene más de 100 criterios de calidad que están reunidos en 10 grupos que corresponden a los 10 criterios anteriormente explicados.

Solamente se califican los puntos principales, los sub puntos sirven de apoyo para realizar la calificación.

Los comentarios al respecto se deben escribir en los espacios correspondientes, una vez controlados todos los grupos se analiza el servicio y se escribe la calificación en su respectivo espacio.

Muy buen servicio recibe de 10 a 9 puntos, buen servicio 8 a 7 puntos, satisfactorio recibe 6 o 5 puntos, deficiente 4 o 3 puntos e insuficiente 2 a 1 punto.

Al final se suman todos los valores dados para obtener una cantidad total. También es posible la calificación de los servicios por separado.

La lista de chequeo en forma de tabla con los 10 grupos y los 100 criterios de calidad se encuentra en la siguiente página

	Evaluación de calidad	Hotel/Restaurante:
Calificación	Suma total	
	☐ 100 – 91 Muy bueno	Fecha:
	☐ 90 – 81 Bueno	
	☐ 80– 71 Satisfactorio	
	☐ 70 – 61 Deficiente	
	☐ 50 – 00 Insuficiente	

Lista de chequeo con más de 100 criterios de calidad

# Criterios	Puntos y Comentarios				
01. Primer contacto	10/9	8/7	6/5	4/3	2/1
Contestó rápidamente					
Correcta/ amablemente					
Idioma					
Nombre del huésped					
Informaciones del hotel					
Presencia en la internet					
Material publicitario					
02. Reservación	10/9	8/7	6/5	4/3	2/1
Llegada, partida, # de huéspedes					
Tipo habitación/ precio					
Persona o institución que paga					
Confirmación por escrito					
Descripción servicios					
Eficiencia / profesional					
Pedidos especiales					
Agradecimiento, buen viaje					
03. Llegada	10/9	8/7	6/5	4/3	2/1
Descripción de vías de acceso					
Señalización / carteles					
Estacionamiento, acceso al hotel					
Avisos del hotel					
Fachada hotel					
Saludo, bienvenida					
Entrada					
Equipaje					
04. Check-in /recepción	10/9	8/7	6/5	4/3	2/1
Saludo amable					
Idioma					
Confirmación tipo de habitación					
Formas de pago, condiciones					
Formulario de registro					
Tratamiento personalizado					
Correo / información					
Servicios ofrecidos					
Bebida de bienvenida					

		10/9	8/7	6/5	4/3	2/1
	Manejo de llaves					
	Llamada de verificación					
05.	**Habitación**	10/9	8/7	6/5	4/3	2/1
	Equipaje					
	Entrada y señalización					
	Abrir puerta habitación					
	porta equipaje					
	Instrucciones de manejo de aparatos eléctricos.					
	Explicación de servicios					
	Retirada discreta					
	Aire y temperatura					
	Iluminación					
	Limpieza habitación					
	Tamaño habitación					
	Decoración /colores					
	Mobiliario /dotación					
	Cama /ropa de cama					
	Minibar (contenido)					
	Safe /cofre de seguridad					
	Tv/ programa de Tv, radio					
	Tel., contestador, modem					
	Directorio del hotel, ubicación					
	Protección contra incendios					
	Material informativo					
	Tarjeta de bienvenida,					
	Plancha de pantalones eléctrica					
	Amortiguamiento de ruido					
06.	**Baño**	10/9	8/7	6/5	4/3	2/1
	Limpieza					
	Tamaño					
	Olor /ventilación					
	Espejo					
	Lavamanos					
	Bañera					
	Ducha					
	Inodoro / WC					
	Accesorios					
	Toallas, etc.					
	Seguridad					
07.	**Áreas públicas**	10/9	8/7	6/5	4/3	2/1
	Señalización					
	Ambiente					
	Localidad					
	mobiliario adecuado					

		10/9	8/7	6/5	4/3	2/1
	Olores					
	Iluminación					
	Decoración					
	Música ambiental					
	limpieza					
08.	**Prestación de Servicios**	10/9	8/7	6/5	4/3	2/1
	Garaje /estacionamiento					
	Conserjería / portería					
	Servicio en cada piso					
	Tintorería					
	Servicio salones de conferencias					
	Banquetes / catering					
	Wellness / sauna, spa					
	Restaurante, bar					
09.	**Check-out / caja**	10/9	8/7	6/5	4/3	2/1
	Equipaje					
	Factura / cuenta					
	Manejo de reclamaciones					
	Tiempo de espera					
	Cambio de moneda					
	Tarjetas de crédito					
	Disposición de servicio					
	Agradecimiento / despedida					
10.	**Personal**	10/9	8/7	6/5	4/3	2/1
	amable					
	abierto					
	anticipado					
	servicial					
	carismático					
	Presentación personal					
	Postura					
	Idiomas / Lenguaje					
	Deseo de aprender					
	Total					

Evaluación de calidad	
☐ Excelente: 100-91 ☐ Muy bueno: 90-81 ☐ Bueno: 80-71 ☐ Satisfactorio: 70-61 ☐ Deficiente: 60-51 ☐ Insuficiente: 50-00	Hotel: Fecha:

Cuestionario para el huésped

Resumen con diez preguntas y diez posibilidades de calificación

Nuestros criterios de calidad	
Primer contacto: ¿Cómo califica el primer contacto que tuvo con el hotel? (llamada telefónica, Internet, folleto, recomendación, visita a la empresa, otro)	
Reservas: ¿Se realiza o realizó la reserva profesionalmente? ¿El departamento de reservas pensó en todos los detalles? ¿Se trata correcta, amablemente al huésped y lo aconsejan?	
Llegada: ¿Es correcta la descripción de las vías de acceso? ¿Existen avisos que faciliten la llegada al hotel? cuenta con estacionamientos? cómo son la fachada, la entrada, el saludo y el manejo del equipaje?	
Check-in / Registro: ¿Actitud amable durante el recibimiento y registro? ¿Se reciben informaciones necesarias? Entrega de llave, llamada de bienvenida.	
Habitación: Limpieza, cama / s, ropa de cama, tamaño, mobiliario, colores, decoración, iluminación, seguridad, aislamiento de ruidos, material informativo, otros servicios.	
Baño: Seguridad, limpieza, tamaño, ventilación, toallas (cuerpo, manos) accesorios, ducha, retrete / inodoro, espejo, bañera, otros servicios.	
Áreas públicas: ¿Cómo califica las áreas públicas (lobby, comedor para el desayuno, zonas de estar.)? Ambiente, ubicación, mobiliario, iluminación, decoración..	
Servicios: ¿Cómo califica la prestación de servicios del hotel? ¿Servicio a la habitación, desayuno, restaurante, lavandería / tintorería, servicio para conferencias, banquetes, gimnasio/ spa, servicios para ejecutivos, otros?	
Personal: ¿Cómo califica a los empleados? ¿Fueron amables, abiertos, receptivos, serviciales y vestidos impecablemente?	
Check-out / Salida: ¿Cómo se desarrolló la salida? Se realizó / la cuenta correctamente y con precios transparentes, manejo de reclamaciones, tiempo de espera, ayuda con el equipaje, manejo de objetos olvidados, otros?	
Puntos obtenidos:	
Su comentario:	
Lugar / Fecha:	
Su nombre:	Su dirección:

Gracias por su contribución para el mejoramiento de la calidad nuestro servicio

Servicio de calidad desde el punto de vista del comensal

En este punto se describe el proceso de la atención al comensal y los servicios que van unidos a este. Posteriormente, enumeramos las fallas cometidas más frecuentemente en la prestación del servicio y las expectativas del comensal.

1. Primer contacto

01.01. Llamada telefónica, página web, material publicitario

El primer contacto con el restaurante es muy importante y deja impresiones positivas o negativas en el comensal potencial, impresiones que por lo general son definitivas. El comensal potencial puede recibir información sobre el restaurante a través de una llamada telefónica, la página web o por recomendación de familiares o conocidos.

Si el primer contacto es telefónico, lo que él espera es que se le conteste rápidamente, un saludo amable y en su idioma, (siempre que sea posible), ha de recibir datos como: nombre del restaurante, nombre de la persona que contesta, saludo, pregunta introductoria, además desea que se le escuche antes de empezar a recibir informaciones y preguntas específicas. Las personas de negocios cuentan por lo general con poco tiempo mientras que turistas y otros grupos de personas tienen más tiempo y son por lo general más pacientes.

Si el primer contacto se realiza a través de la página Web, es importante que la página se abra en menos de siete (7) segundos y que sea clara y muestre fácilmente la información necesaria, siempre se debe poder regresar a la página inicial, también este medio deja impresiones positivas o negativas en los clientes.

Con frecuencia se olvida la importancia y las consecuencias que tiene el primer contacto.

Fallas frecuentes

- El teléfono timbra más de cinco veces
- Contestador automático
- Línea de espera
- Utilización de terminología especializada con personas que no son del ramo
- Practicantes o aprendices que no tienen información completa
- Material publicitario que no dice nada o no está orientado hacia el grupo específico.
- Página web con demasiada información y acceso complicado
- Empleados poco amables o malhumorados (el tono de voz es muy importante)

Factores de éxito

- Material publicitario atractivo, que despierte curiosidad por conocer nuestra empresa
- Contestar el teléfono a más tardar al tercer timbre y saludar amable y correctamente
- Página web que se abra rápidamente y sea clara y completa

01.02. Reserva de mesas

En caso de haber reservación de mesas, esta debe realizarse profesionalmente. Se debe dirigir por su nombre a la persona que realiza la reserva, se escuchan sus deseos y se trata de complacerlo en un 100%, en caso de no ser posible, se le ofrecen una o dos alternativas y se le explican las diferencias. Los datos del futuro comensal se anotan cuidadosamente. Algunas situaciones requieren una confirmación por escrito de los platos elegidos.

Antes de terminar la conversación, se confirma la reserva y se verifican los siguientes datos: Nombre del comensal, fecha y hora de llegada, motivo de cena o evento, número de personas, precio del menú elegido, otros servicios. En caso de que la factura vaya a nombre de otra persona diferente de la que realiza la reserva, se debe anotar el nombre y dirección a quién se le dirige la factura.

También se le debe informar sobre los acontecimientos que puedan afectar o influir en el acceso al establecimiento, como pueden ser: desviación por obras de construcción, festividades de la región, huelgas programadas para ese día o demostraciones públicas. Al finalizar la realización de la reserva le agradecemos por la misma y le deseamos un buen día.

Fallas frecuentes

- Formularios complicados en reservas on line
- Nombres escritos con fallas
- Descripción deficiente del menú
- No enviar la confirmación de la reserva o enviarla con retraso
- Olvidar escribir la hora de llegada o servicios especiales acordados
- Olvidar los servicios extras prometidos o acordados
- Omisión de títulos

¿Qué espera el comensal?

- Especialidades de la casa / ventajas
- Descripción exacta de productos y servicios
- Trato amable
- Precios exactos y modalidades de pago
- Información sobre las vías de acceso
- Tener el sentido de que la decisión que tomó fue la correcta y que piense " Siempre quise cenar en un restaurante como este"

01.03. llegada

Desde antes de llegar al establecimiento, el comensal observa los alrededores, la señalización, la vía de acceso, estacionamiento, la fachada, los avisos luminosos, los colores y naturalmente la entrada al establecimiento.

También observa si el personal está atento para ayudarle a abrir la puerta, saludarlo y acomodarlo en el lugar adecuado. ¿Nos dirigimos al comensal por su nombre y título si es necesario y le damos la bienvenida? si ofrece o no una bebida de bienvenida, es opcional.

Fallas frecuentes

- Estacionamiento ocupado con autos de los empleados
- Saludo poco amable o ningún saludo
- Entrada sin protección contra lluvia
- No tener mesas libres aun cuando se hayan realizado reservaciones
- Carta de menú con poca iluminación o ninguna en la entrada del establecimiento
- Fachadas descuidadas y avisos luminosos con daños

¿Qué espera el comensal a su llegada?

- Saludo amable y servicial por parte del personal
- Descripción correcta del camino
- Comensales asiduos al restaurante esperan ser reconocidos
- Tener la impresión de que su decisión fue la correcta

2. Restaurante/ comedor

La puerta de entrada al establecimiento debe ser de fácil acceso con la debida información "empuje o hale" permitiéndole al comensal una entrada rápida. Al entrar se verá influenciado por el ambiente conformado por factores como: olores, iluminación, colores, tonos o música y la temperatura. También es importante la distribución de los espacios y posición de las mesas, sillas, barra, biombos, plantas ornamentales y demás accesorios

Fallas frecuentes

- Aire pesado
- Mala posición de los muebles
- Estrechez
- Iluminación inadecuada
- Mala señalización de la puerta de entrada
- Colores que no combinan
- Puertas automáticas en mal funcionamiento
- Música con volumen muy alto

¿Qué espera el comensal?

- Iluminación adecuada y música acorde al establecimiento
- Puerta de entrada de fácil y rápido acceso o alguien abriendo la puerta
- WIFI
- Superficies bien ventiladas, sin malos olores y con temperatura agradable
- Espacios armoniosos
- Buen aislamiento de sonido, poco ruido
- Rutas de escape evacuación visibles

3. Asiento/ Plazas

Los comensales tienen que sentirse cómodos en sus asientos, para esto es importante tener en cuenta no solo la silla, sino también la altura de la mesa y de las sillas, el tamaño de la mesa y la distancia que hay entre los comensales y entre las mesas y la pared. Se calcula un espacio en la mesa de 80 a 120 cm. por persona y cerca de 100 cm. de la mesa a la pared o a otra mesa. Otro factor que se debe tener en cuenta es que tanto las sillas como la mesa deben ser estables.

Fallas frecuentes

- Mesas muy pequeñas e inestables
- Sillas incómodas
- Muy poco espacio entre los asientos

Qué esperan los comensales

- Tamaño adecuado de la mesa
- Distancia que permita mantener el espacio personal
- Sillas ergonómicas

4. Mise-en-place

El Mise-en-place está conformado por los trabajos de preparación de la cocina y del equipo de servicio. En este caso se tratara el tema de los trabajos a cargo del equipo de servicio, en especial del arreglo de las mesas, utensilios, cubertería y mesas auxiliares entre otros.

Cada restaurante debe tener por sección / estación un anaquel (mueble) en cuyos cajones se encuentran manteles, servilletas, cerillos y cubertería de reserva y sobre su superficie se colocan los menajes como pimenteros, ceniceros así como cartas de menú y bebidas.

El equipo de servicio arregla la mesa de la siguiente manera:

Primero se coloca sobre la mesa un muletón para protegerla, sobre el muletón se pone un mantel que esté limpio y sin daños. Algunos restaurantes colocan además un cubre mantel para proteger mejor el mantel contra manchas.

Una vez puesto el mantel y cubre mantel, se pone la mesa, primero la cubertería básica (cuchillo, tenedor y la servilleta) luego se continúa con la cuchara y el vaso o copa universal (para varios usos), se sigue con el plato auxiliar o del pan, el cuchillo para entradas y otro vaso o copa, finalmente, para terminar con el arreglo total de la mesa, se colocan la cubertería para el postre y para la entrada, también el salero y un discreto arreglo de decoración de la mesa.

En realidad cada restaurante tiene su propio estilo de poner la mesa, lo importante es que sea siempre igual, práctico, completo y que concuerde con el estilo del restaurante. No sobra mencionar que todos los utensilios, cubiertos cubertería y textiles tienen que estar impecablemente limpios.

Fallas del Mise-en-place-

- Cada mesa se arregla en forma diferente
- Muy poca reserva de cubertería, manteles y otros utensilios
- Manchas de agua u otro tipo en cubiertos o vasos
- Manteles con manchas o agujeros
- Menaje o salero pegajoso
- Servilletas muy pequeñas o de mala calidad
- Cubiertos inadecuados por su tamaño o para su uso

Expectativas del comensal

- Cubertería impecablemente limpia
- Cubertería adecuada para el plato elegido
- Asesoría en el uso de la cubertería utilizada en platos poco comunes

5. La carta

Las cartas de menú, bebidas, helados y cócteles deben representar el estilo del restaurante y ser atractivas para que además de cumplir con su función de información inviten a consumir. El contenido debe ser lógico, entendible y completo para que el comensal sepa que es lo que va a consumir. No se debe olvidar, que las cartas son un instrumento de ventas imprescindible, que apoya la labor del equipo de servicio.

El orden clásico en la carta de menú es el siguiente:

- Entradas frías y calientes
- Sopas
- Pescado
- Variedad de preparación de huevos
- Comidas fritas y asadas
- Aves y carnes de animales silvestres
- Verduras y ensaladas
- Postres
- Quesos y frutas
- Especialidades de la casa, menú del día, menú para niños y para personas mayores, así como comidas frías

Fallas en la carta:

- Cartas manchadas o rotas
- Precios equivocados
- Muy pocas cartas
- Letra demasiado pequeña
- Demasiados términos técnicos o especializados
- Nombres de fantasía sin aclaración

Expectativas del comensal

- Cartas de menú fáciles de leer y entender
- Que todas las ofertas estén a disposición
- Cartas de bebidas y comidas apetitosas

6. Servicio / Atención al comensal

La atención al comensal debe desarrollarse profesionalmente, sin olvidar la parte humana para no dar la impresión al comensal de que está siendo atendido por robots, sino por el contrario, que recibe una atención individualizada.

Un servicio correcto está conformado por los siguientes factores:

Saludo, ayuda en la elección de mesas y lugares para sentarse, acomodación, repartición de cartas de menú (según el protocolo) toma del pedido de bebidas y repartición de las mismas, asesoría en la elección de platos (si es deseada), toma del pedido de las comidas, repartición de los platos (según protocolo), anticipación y atención todo el tiempo. Posteriormente se recogen los platos y se ofrece la carta de postres y digestivos y se sirven. Finalmente, se trae la cuenta después de haber sido pedida. Cuando es posible se acompaña a los comensales hasta la salida, se les agradece su estadía en el restaurante y se desea un pronto regreso.

Fallas en servicio

- No acompañar al comensal a la mesa él se sienta y tiene que esperar para ser atendido
- No se saluda, ni se le da la bienvenida al comensal
- Olvidar al comensal
- Contacto corporal con el comensal
- Atención y asesoría deficientes
- Servicio impersonal o demasiado personal
- Tono inadecuado en la atención
- Confusión de los pedidos

Expectativas de servicio

- Servicio atento
- Servicio amigable, amable y anticipado
- Buenos modales
- Asesoría oportuna y pertinente
- Lenguaje claro y fácil de entender
- Objetividad y atención individual y personal
- Servicio rápido
- Recibimiento y saludo pronto y cordial
- Conocimiento de la oferta
- Sinceridad en la asesoría
- Ser escuchado con paciencia

7. Platos / Alimentos consumidos

La calidad y cantidad de los platos servidos, debe satisfacer los deseos del comensal. Es muy importante tener en cuenta la presentación de las comidas, la combinación de los colores, consistencia de los alimentos, olor y la relación entre el alimento principal (por ejemplo: Carne o pescado) y las guarniciones y o ensaladas.

Otro factor que contribuye en la calidad de las comidas, es el plato en el que están servidas. Para comidas calientes, el plato debe estar precalentado, lo que no quiere decir, que para las comidas frías se tenga que enfriar el plato.

Comentarios de comensales desilusionados

- Elegantemente poco
- Fresco del tarro
- Pequeñas porciones en platos grandes
- Masa en lugar de salsa
- Sabor muy fuerte a pescado
- Olor a pescado siendo carne
- Masa que no se puede definir
- De todo un poco pero nada especial
- La comida caliente vino fría en un plato caliente
- Dura como suela de zapato

Comentarios de comensales satisfechos

- Voy a volver
- Quiero esta receta
- Felicitaciones al cocinero
- Otra porción
- La comida sabe como la de mi madre
- Me asesoraron muy bien
- Este restaurante lo voy a recomendar

8. Bebidas/ bebidas consumidas

También en las bebidas se analiza la calidad y cantidad.

La calidad tiene que ser correspondiente: las bebidas refrescantes, como cola y limonada deben estar frescas, con gas y frías.

Una cerveza de barril tiene que servirse con espuma y el vaso debe empañarse.

El vino blanco se sirve frío y el vino rojo se debe abrir y dejar respirar por un rato antes de servirlo.

El champaña debe estar fresca y con gas.

Todas las bebidas se pueden disfrutar mejor cuando también están servidas en los vasos, jarros o copas adecuados.

Comentarios de comensales insatisfechos:

- Esta cerveza está servida desde hace rato
- La próxima vez llene el vaso, por favor
- El vino sabe a ratón
- A esta bebida le falta el gas
- Pedí un café y me trajeron agua
- Demasiado fría / demasiado caliente

Comentarios de comensales satisfechos

- Una cosecha muy buena
- Tiene un aroma especial
- Jugo de naranja recién exprimido
- Ya me alegro por el próximo
- Otro por favor

9. Personal

Todos los empleados de un restaurante deben ser amables, honestos, abiertos, flexibles, corteses, y mostrar todo el tiempo su disposición de servicio. El personal con contacto al público debe tener una sonrisa honesta y permanente, debe adelantar / prever los deseos de los comensales. La postura y el outfit de este grupo de personas debe ser impecable para poder representar la filosofía de la empresa según el lema: el comensal es el rey.

Fallas que lamentablemente se presentan con frecuencia

- Apatía, arrogancia
- Falta de identificación con la filosofía de la empresa, con los productos o servicios ofrecidos, sus jefes y compañeros
- Ironía
- Falta de criterio propio

- Desanimo, falta de anticipación
- Falta de sentido de responsabilidad
- Desinterés

Que espera el comensal de nuestro trabajo

- Atención correcta, rápida y concentrada
- Recibir de parte del personal la impresión que hay alguien que se preocupa por los comensales
- Buenas recomendaciones y completas
- Trato amable y sincero
- Anticipación y prevención
- Comprensión y tolerancia

10. Relación precio - servicio

Especialmente en este criterio de calidad es muy difícil evaluar objetivamente ya que depende de muchos factores, que pueden ser:

- Disposición del comensal (comensales bien dispuestos, resisten precios altos)
- Situación financiera del comensal
- Comparación de precios
- Experiencias del comensal en restaurantes
- Ideas y expectativas

Listas de chequeo / control del servicio de calidad

La siguiente lista se presta para el análisis de calidad de la propia empresa, de la competencia o para que trabajen con ella controladores de restaurantes profesionales externos (asesores).

Contiene más de 100 criterios de calidad que están reunidos en 10 grupos que corresponden a los 10 criterios anteriormente explicados.

Solamente se califican los puntos principales, los sub-puntos sirven de apoyo para realizar la calificación.

Los comentarios al respecto se deben escribir en los espacios correspondientes, una vez controlados todos los grupos se analiza el servicio y se escribe la calificación en su respectivo espacio.

Muy buen servicio recibe de 10 a 9 puntos, buen servicio 8 a 7 puntos, satisfactorio recibe 6 o 5 puntos, deficiente 4 o 3 puntos e insuficiente 2 a 1 punto.

Al final se suman todos los valores dados para obtener una cantidad total. También es posible la calificación de los servicios por separado.

El puntaje de cada columna se suma para obtener el puntaje total,

Cuyos resultados se clasifican de la siguiente forma:

Calificación	Evaluación de calidad	Hotel/Restaurante:
	☐ Excelente: 100-91	
	☐ Muy bien: 90-81	
	☐ Bien: 80-71	Fecha:
	☐ Satisfactorio: 70-61	
	☐ Deficiente: 60-51	
	☐ Insuficiente: 50-00	

La lista de chequeo en forma de tabla con los 10 grupos y los 100 criterios de calidad se encuentra en la siguiente página

Lista de chequeo de restaurantes con más de 100 criterios

#	Criterios	Puntaje y comentarios				
01.	**Primer contacto**	10 / 9	8 / 7	6 / 5	4 / 3	2 / 1
1.	Timbre telefónico (3-5)					
2.	Trato correcto y amable					
3.	Nombre del comensal					
4.	Información sobre el restaurante					
5.	Presencia en internet					
6.	Material publicitario					
7.	Reserva de mesas					
8.	Rótulos/ letreros					
9.	Estacionamiento					
10.	Fachada					
02.	**Comedor/Restaurante**	10 / 9	8 / 7	6 / 5	4 / 3	2 / 1
11.	Puerta de entrada					
12.	Olores					
13.	Iluminación					
14.	Colores					
15.	Ruidos/ música					
16.	Temperatura					
17.	Decoración					
18.	Distribución de áreas					
19.	Mobiliario					
20.	Atmósfera/ Ambiente					
21.	Otras áreas					
03.	**Plazas/ Asientos**	10 / 9	8 / 7	6 / 5	4 / 3	2 / 1
22.	Mesa					
23.	Sillas					
24.	Distancias					
25.	Medidas					
26.	Sillas ergonómicas					
27.	Estilo					
28.	Distribución lógica					
29.	Armonía					
04.	**Mise-en-place**	10 / 9	8 / 7	6 / 5	4 / 3	2 / 1
30.	Muletón					
31.	Mantel					
32.	Cubremantel					
33.	Cubierto/puesto					
34.	Cubiertos					
35.	Vasos					
36.	Platos					

37.	Menaje /salero					
38.	Servilletas					
39.	Depósitos					
40.	Mesas auxiliares/ anaquel					
41.	Utensilios de reserva / cubiertos					
05.	**Cartas con la oferta**	10 / 9	8 / 7	6 / 5	4 / 3	2 / 1
42.	Menús					
43.	Carta de vinos/ carta de bebidas					
44.	Carta de helados / postres					
45.	Diseño atractivo					
46.	Limpieza					
47.	Contenido lógico					
48.	Claridad					
49.	Precios correctos					
50.	Oferta actualizada					
51.	Entradas frías y calientes					
52.	Sopas					
53.	Menús de pescado					
54.	Tipos de huevos					
55.	Asados y fritos					
56.	Menús de animales salvajes y aves					
57.	Postres					
58.	Quesos y frutas					
59.	Especialidades de la casa					
60.	Menú del día					
61.	Porciones para niños y / para ancianos					
62.	Menús fríos / carta reducida					
06.	**Servicio/ atención al comensal**	10 / 9	8 / 7	6 / 5	4 / 3	2 / 1
63.	Saludo					
64.	Acomodación					
65.	Repartición de las cartas de menú					
66.	Toma del pedido de bebidas					
67.	Forma de servir las bebidas					
68.	Toma de pedido de comidas					
69.	Forma de servir las comidas					
70.	Asesoría y ayuda					
71.	Forma de levantar los platos					
72.	Factura / cuenta					
73.	Despedida					
07.	**Platos/ alimentos consumidos**	10 / 9	8 / 7	6 / 5	4 / 3	2 / 1

		10 / 9	8 / 7	6 / 5	4 / 3	2 / 1
74.	Calidad					
75.	Cantidad					
76.	Presentación					
77.	Combinación de colores					
78.	Consistencia					
79.	Olor					
80.	Carnes / guarniciones, acompañamientos					
81.	Salsas					
82.	Platos					
08.	**Bebidas / bebidas consumidas**	10 / 9	8 / 7	6 / 5	4 / 3	2 / 1
83.	Calidad					
84.	Cantidad					
85.	Frescura					
86.	Temperatura					
87.	Vasos apropiados					
88.	Suficiente oferta					
89.	Asesoría de bebidas					
90.	Vino de la casa					
09.	**Personal**	10 / 9	8 / 7	6 / 5	4 / 3	2 / 1
91.	Amabilidad					
92.	Disposición					
93.	Anticipación					
94.	Disponibilidad					
95.	Carisma					
96.	Outfit/ presentación personal impecable					
97.	Postura correcta					
98.	Idiomas					
99.	Lenguaje					
100.	Deseo de aprender					
10.	**Relación precio- servicio**	10 / 9	8 / 7	6 / 5	4 / 3	2 / 1
101.	Es correcta					
102.	Es incorrecta					
103.	Se puede comparar con la competencia					
104.	Precios normales en la región					
105.	Líder en su localidad					
	Total					

Cuestionario para el comensal

Resumen con diez preguntas y diez posibilidades de calificación

Nuestros criterios de calidad	
Primer contacto: ¿Cómo califica el primer contacto que tuvo con el restaurante? (llamada telefónica, internet, folleto, recomendación, visita a la empresa, otros)	
Áreas públicas: Entrada, olores, temperatura, luces, decoración, colores, mobiliario, distribución del espacio, ambiente, estilo, otros.	
Lugar del comensal: Mesa, asientos, distancias, medidas, ergonomía, estilo.	
Mise-en-place/ Preparación: Preparación de la mesa, decoración de la mesa, cubertería, utensilios de reserva, otros.	
Carta de menú y bebidas: ¿Es limpia, atractiva, de construcción lógica y equilibrada? ¿Es la información de precios correcta?	
Servicio/atención al comensal: Saludo, acomodación, entrega de la carta, recomendación, toma del pedido	
Calidad de la comida pedida: Calidad, cantidad equilibrada, aspecto, combinación de colores, consistencia, olor, sabor, temperatura del plato.	
Bebidas consumidas: Calidad, cantidad, temperatura, frescura, vasos apropiados, recomendación, otros.	
Personal: Cómo califica a los empleados: ¿fueron amables, abiertos, receptivos, serviciales y vestidos impecablemente?	
Relación de precio-servicio: Adecuado, inadecuado, comparativamente bueno según el lugar, comparado con la competencia, precios líderes.	
Puntos obtenidos:	
Su comentario:	
Lugar / Fecha:	
Su nombre:	Su dirección:

Muchas gracias por su contribución para mejorar nuestra calidad de servicio

Conclusión

La calificación anterior es relativamente estricta, lo más importante es reconocer los puntos débiles para tomar las medidas correctivas pertinentes, capacitar al personal y motivarlo para que realicen y apliquen regularmente sus propias listas para la respectiva sección.

Para el comensal el establecimiento es una unidad, por eso se debe pensar en los pequeños detalles, aunque muchas veces pareciesen detalles sin importancia.

Existe una sola calidad:

Calidad desde el punto de vista del comensal

Ejemplo práctico

Resumen del diario de don Feliz

Hoy, llegué muy bien a Monteverde y fui recogido por un representante del Hotel Ascot. A continuación fuimos al hotel y allí me lleve una agradable sorpresa detrás de la otra. Lo que me impresionó positivamente, quiero describirlo punto por punto:

Traslado:

En el aeropuerto fui recogido por Don Gentil, en un Remis (Taxi privado), él me estaba esperando con una pancarta en alto con el nombre del Hotel, lo cual fue muy fácil de reconocer por la cabeza de un caballo que luego supe que era el nuevo logo. El viaje no duró ni diez minutos. Cuando llegamos me di cuenta muy pronto de que no solo el nombre del hotel había cambiado, sino también, la fachada había sido renovada. Lleno de expectativas dejé que todo transcurriera.

Exterior:

El hotel da la impresión de estar muy bien cuidado. Está recién pintado y el jardín está decorado con plantas exóticas, el invernadero invita a permanecer en él y las siete banderas sugieren un ambiente internacional. Apenas hemos llegado y ya está un botones uniformado frente al auto para ayudarme a bajar del mismo y a cargar el equipaje, a continuación abre la puerta de entrada y lo que más me llamó la atención fue que él se dirigió a mí por mi nombre aun cuando no me conocía. Fantástico.

Recepción:

La recepción es imponente, no por su tamaño sino por el buen gusto con el que está decorada. Los objetos de decoración logran realizar la conexión con Ascot, la famosa carrera de caballos en Inglaterra. Este motivo se repite en los uniformes de todo el personal y en otros objetos decorativos. El jefe de recepción, el señor políglota, me saludó personalmente en alemán, el formulario de registro ya estaba con mis datos así que solo faltaba mi firma. A mi lado se encontraba un huésped al cual se dirigió en inglés. Subimos en el elevador a mi habitación.

Habitación:

El botones abrió sin problemas la puerta de mi habitación con la tarjeta-llave. La habitación me fascinó de inmediato: Alfombra de alta calidad, al lado izquierdo un armario con diez percheros, una caja fuerte empotrada y de fácil manejo. En la parte superior una almohada antialérgica con una cobija adicional. A mano derecha está la entrada al baño, del que hablaré más adelante detalladamente. Después del pequeño vestíbulo, comienza la amplia habitación. Mi equipaje fue colocado en un portaequipajes, seguidamente el botones me explicó el funcionamiento de las instalaciones eléctricas de la habitación así como de la grifería del baño. Luego se retiró discretamente y yo pude seguir con mis observaciones. La cama es una cama doble (160 X 200 cm) con cabecera, somier, colchón de muelle y elegante ropa de cama. Los muebles son de buen gusto y cómodos. Las cortinas hacen juego con la ropa de cama y con el color pastel de la pared. La iluminación está dada por dos lámparas de mesa de noche, una lámpara de pie y una sobre el escritorio; cada una de ellas da la luz necesaria para leer o trabajar. Cerca del escritorio se encuentra el mini bar, el cual está muy bien surtido. El teléfono tiene un enchufe adicional para fax o internet. En una esquina se encuentra una plancha eléctrica para pantalones. En resumen puedo decir que la habitación está arreglada con mucho gusto y satisface todas las necesidades que puedan tener los huéspedes de negocios.

Baño:

El baño está completamente embaldosado, tiene bañera y bidet (los dos son innecesarios para huéspedes de negocios). La ducha está separada de la bañera y la pared divisoria con puerta corrediza es de vidrio. Así que entra suficiente luz. El lavamanos, la bañera y la ducha tienen grifería moderna, la regadera de la ducha es ajustable. Encima del lavamanos hay un espejo grande de cristal con iluminación alrededor. Lo que encontré muy positivo fue el aspecto de protección del medio ambiente: dispensador de jabón y champú, información para los huéspedes con indicaciones como por ejemplo: toallas en el piso, para indicar deseo de cambio y los inodoros con dos fases de funcionamiento de desagüe.

Bar:

En primer lugar me di el gusto de sacar una cerveza fría del mini bar. Luego analicé la lista de precios y pude constatar que los precios en la habitación eran iguales a los del bar. Un rato más tarde bajé al „WINNER-BAR" Allí también encontré todo muy cambiado. La decoración es típica inglesa y muy cómoda, según un empleado del bar proviene todo de un bar que cerraron en otro sector de la ciudad. La carta invita a consumir: Cerveza del barril, Cocteles livianos y de moda, vinos nobles y cavas, snacks y otras delicias. Casi olvido mencionar que cada huésped recibe a su llegada un bono para un coctel que se puede solicitar cuando uno quiera.

Café:

En el café se puede disfrutar a partir de las siete de la mañana, para darle gusto al paladar. De siete a once hay un rico desayuno buffet. Después se ofrecen platos a precios muy razonables „a la minute"- (Ensalada, consomés, Crepés, Steaks, emparedados y otras delicias). Esta oferta es válida también en la noche. En la tarde hay café y tortas, o mejor dicho el famoso té de las 5:00 (Five-o'clock-Tea) con toda su ceremonia. Algo que merece ser mencionado es la vista que hay. Cuando todas las mesas están ocupadas en el café, los huéspedes se sientan en la terraza/invernadero al lado de la sala de fiestas.

Eventos:

Recientemente recibí del director de ventas una carpeta de información con la oferta de reuniones y banquetes. La carpeta tiene un diseño atractivo y claro con las listas completas de precios y menús. El hotel cuenta con una sala de reuniones y una pequeña sala de fiestas. La sala de reuniones está acondicionada para 20 a 40 participantes. En el verano se puede servir el café en el antejardín o en el jardín.

La sala de fiestas es para reuniones de 40 a 80 personas. Sin embargo se pueden realizar allí también conferencias y los alimentos pueden ser servidos en el invernadero.

(El personal me convenció por su profesionalidad, amabilidad y servicio. Los elegantes uniformes corresponden con el nombre del hotel y visten muy bien también a los nuevos empleados. A propósito de nuevos empleados: el mozo me contó que una escuela hotelera que se rige por el modelo suizo está conectada al hotel y esa es la razón por la cual hay caras nuevas y jóvenes en el escenario de la prestación de servicios. Yo diría que el hotel se ahorra así un 30% en costos de personal.

Ofertas adicionales:

- Equitación en el club Cabrera
- Canchas de tenis en el club Cabrera
- Golf en el club de golf
- Navegar en la escuela de vela
- Paseos en Carruajes por los alrededores

Conclusión:

Como conclusión se puede decir que el hotel cambio completamente:

- En lugar de Stone Cottage (lo cual sugiere paisajes de montaña, cabañas, Alpes, Europa continental) Hotel Ascot. Este nombre es más elegante, actual, sugiere prestigio, riqueza, caballos, suerte (herraduras), acción y no está tan usado.

- En lugar de un restaurante vacio, un café con lluvia de actividades Brunch, snacks, cocina liviana y de fácil digestión, alimentación de los participantes en conferencias, cambio de la carta según la estación, pequeña cocina transportable.

- Variada oferta de eventos

- Personal bien capacitado y apoyado por jóvenes y decididos practicantes

- Moderna política de precios: Habitaciones simples y dobles son vendidas por el mismo precio (la próxima vez vengo con compañía)

- Excelente material informativo: Prospecto claro de la casa, carpeta de eventos completa, carpeta detallada para los huéspedes en las habitaciones, carta de menú estructurada lógicamente, plan de evacuación de fácil lectura, señalización visible y clara en todo el hotel. Gerencia general orientada hacia el huésped con la capacidad de convertir huéspedes en clientes asiduos que luego se conviertan en embajadores del Hotel Ascot.

Firma: Felix Feliz

Breve descripción de los servicios de HOTQUA

Los paquetes de servicios elaborados por Hotqua, son consecutivos y guían a la empresa paso por paso en el evidente mejoramiento de calidad de sus servicios obteniendo así una posición más fuerte frente a la competencia.

Hotqua ofrece a las empresas apoyo integral, el cual va desde el registro o documentación de la calidad actual de la empresa, hasta llegar, a través de entrenamientos y seminarios, a la introducción de estándares individuales o a la implementación de un sistema de gestión de calidad basado en las normas ISO 9001.

Soporte de todas las ofertas, es el *Manual modelo de gestión de calidad para hoteles y restaurantes"* desarrollado por Hotqua, basado en las normas internacionales ISO 9001 y certificado por TÜV. Como primicia se ofrece este manual en forma interactiva en la página Web de HOTQUA y en CD, lo cual permite manejar precios más económicos que los que se manejan con la asesoría tradicional y permite su disponibilidad sin barreras de tiempo y espacio.

Hotqua lleva hasta el momento un registro de:

- 400 seminarios-taller
- 4.000 participantes capacitados
- 1.500 empresas que han utilizado nuestras ofertas de capacitación
- 45 empresas que trabajan con los estándares y sistemas de gestión de calidad implementados por Hotqua

Datado el día: 16 de Agosto de 2014

Seminarios-taller para empleados, gerentes y profesionales junior en la hotelería y en el sector turístico

Seminarios taller

Cursos recomendados para los empleados
- Servicio de calidad desde el punto de vista del huésped/comensal
- Comunicación exitosa con el huésped/comensal
- Venta profesional en la recepción/ servicio
- Gestión de reclamaciones y quejas en empresas hoteleras y gastronómicas
- Higiene y procesos de trabajo en la cocina según HACCP
- Housekeeping & Limpieza

Seminarios para empresarios

Los siguientes seminarios se recomiendan para mandos medios y altos
- Gestión de conflictos para jefes de departamento y directores
- Gestión de personal en empresas hoteleras y gastronómicas
- Gestión de gerencia y Marketing en empresas hoteleras y gastronómicas

Cursos de calidad

Se recomiendan los siguientes cursos para mandos medios y altos

- Representante de calidad según ISO 9001
- Manager de calidad según ISO 9001
- Auditor de calidad según ISO 9001

Rápida vista de beneficios

o Alta orientación práctica
o Poca inversión en tiempo
o Conciencia de servicio
o Métodos de aprendizaje activos y convincentes
o Rápida aplicación de lo aprendido
o Transmisión duradera del concepto de calidad
o Motivación a través de alta capacitación del participante
o Entrenamiento por expertos en gestión de calidad

El autor Frank Höchsmann

Frank Höchsmann es administrador de empresas y auditor de calidad. En los años setenta dirigió un hotel cerca de la ciudad de Colonia.

Hasta finales de los 80 dirigió la carrera de turismo en una escuela técnica en Bogotá, Colombia.

En los años 90 dirigió la sección de capacitación de la Asociación de Hoteles y Restaurantes del Uruguay. Durante ese período publicó algunos libros sobre el tema Management en Hotel y Turismo.

Desde el 2001 vive Frank Höchsmann nuevamente en Alemania. Aquí registró junto con su esposa Martha la empresa de prestación de servicios HOTQUA (hotel tourism quality), la cual se ha especializado en capacitación y entrenamiento, así como en gestión de calidad.

Frank Höchsmann es, desde hace muchos años, miembro de la junta directiva de la Asociación turística de Berlín- Reinickendorf y está afiliado a la Asociación Carl Wolff Gesellschaft / Club económico de Transilvania en Alemania.